This Book Belongs To:

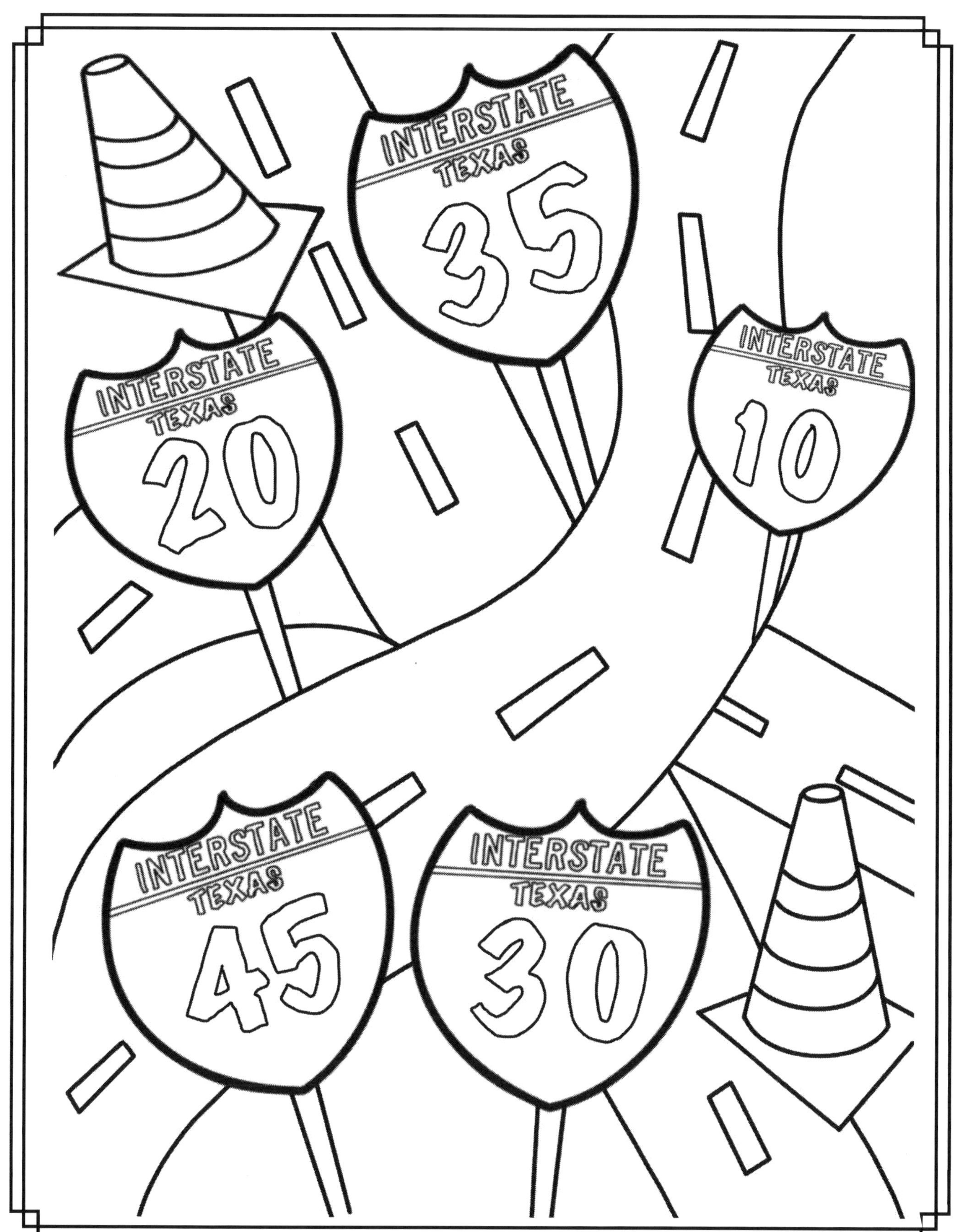
INTERSTATE
TEXAS
35
INTERSTATE
TEXAS
20
INTERSTATE
TEXAS
10
INTERSTATE
TEXAS
45
INTERSTATE
TEXAS
30

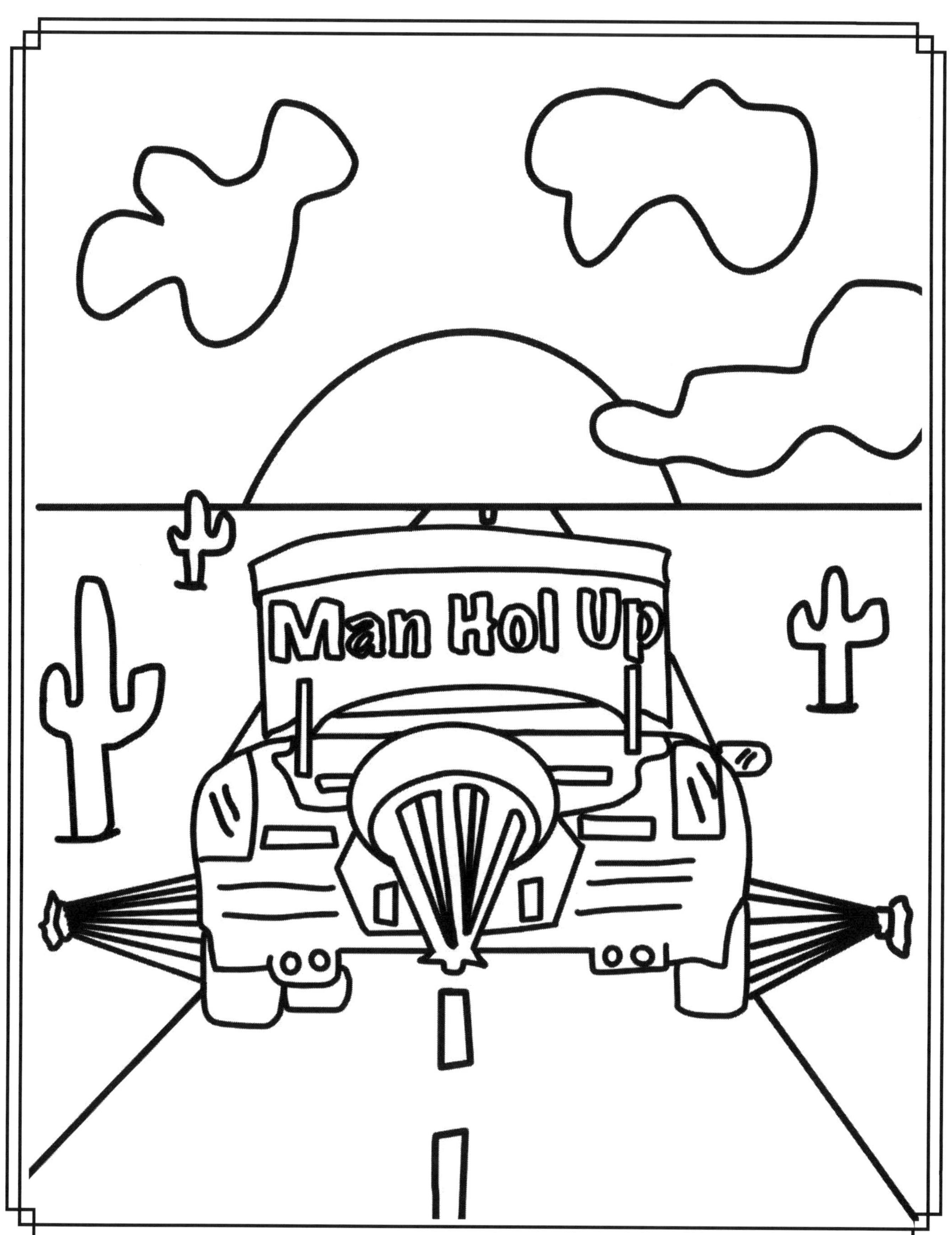
Man Hol Up

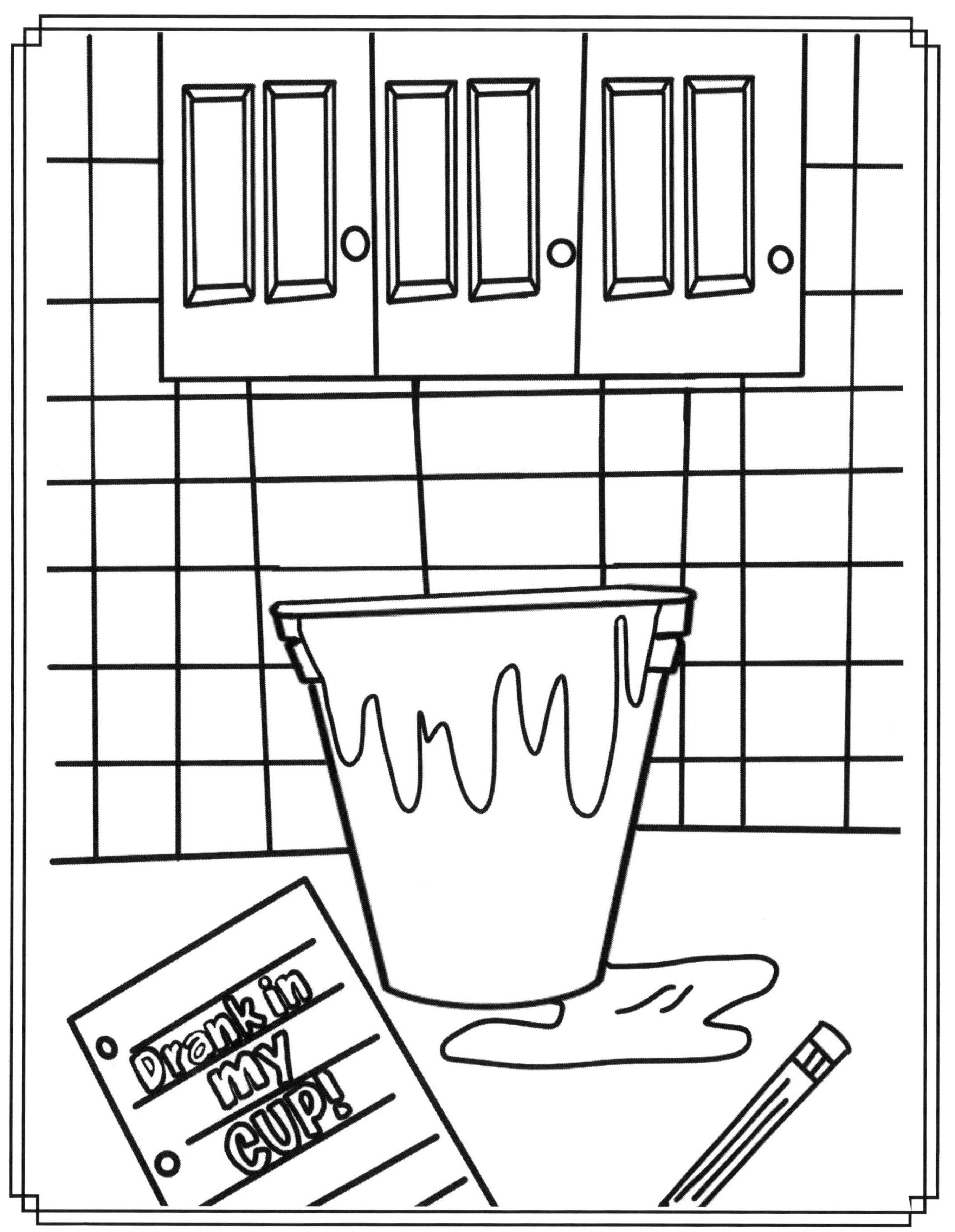
Drank in
my
CUP!

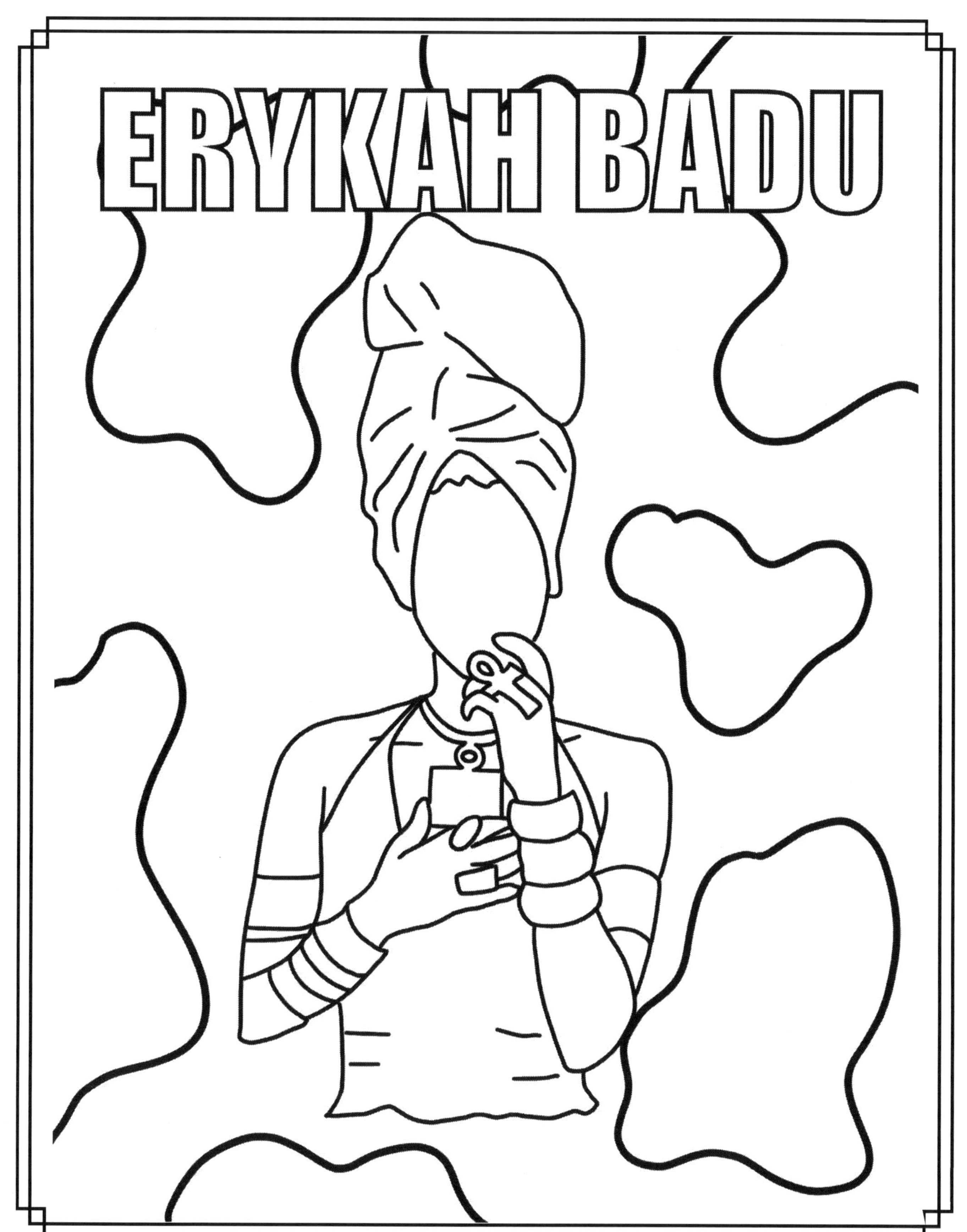
ERYKAH BADU

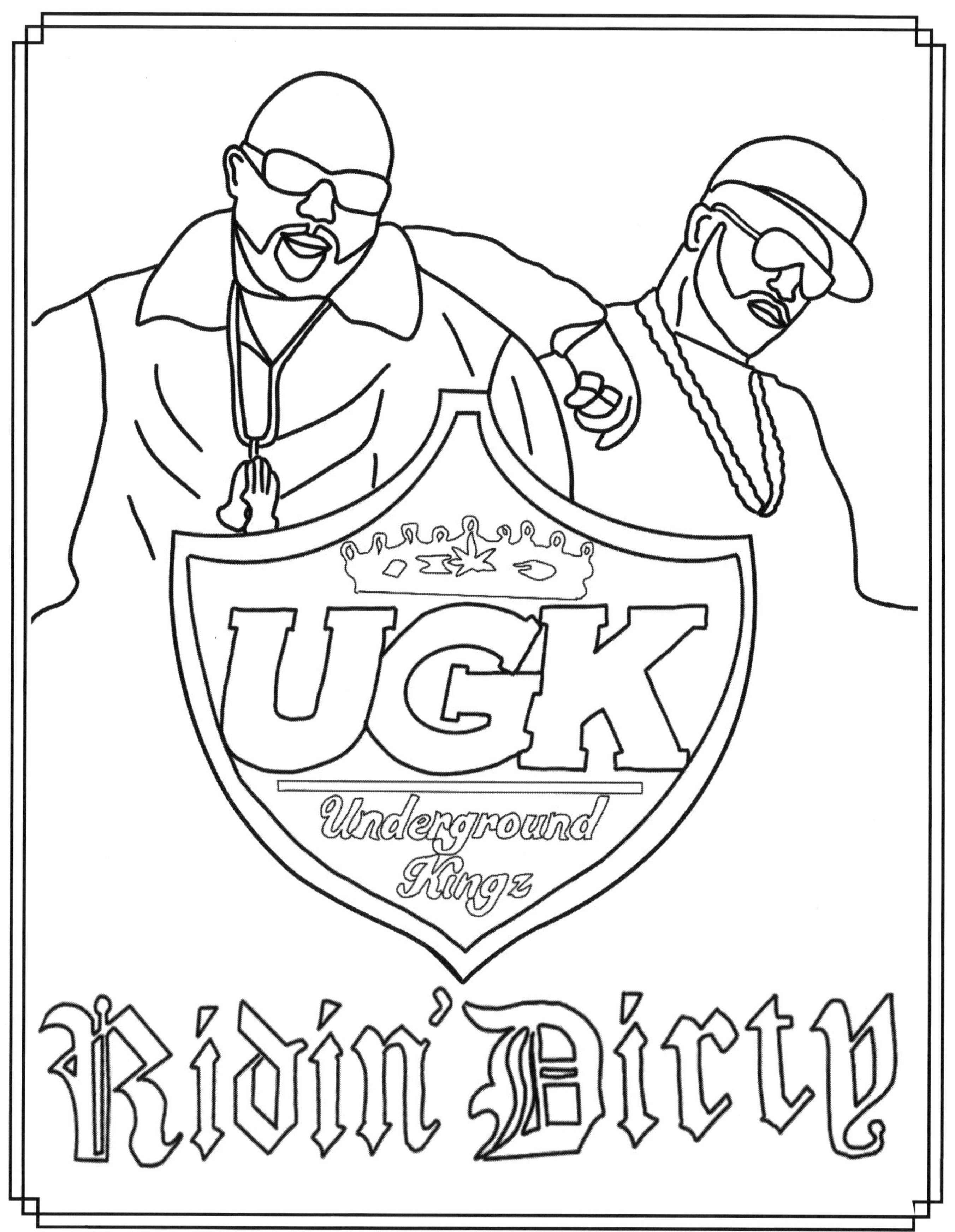
UGK
Underground
Kingz
Ridin' Dirty

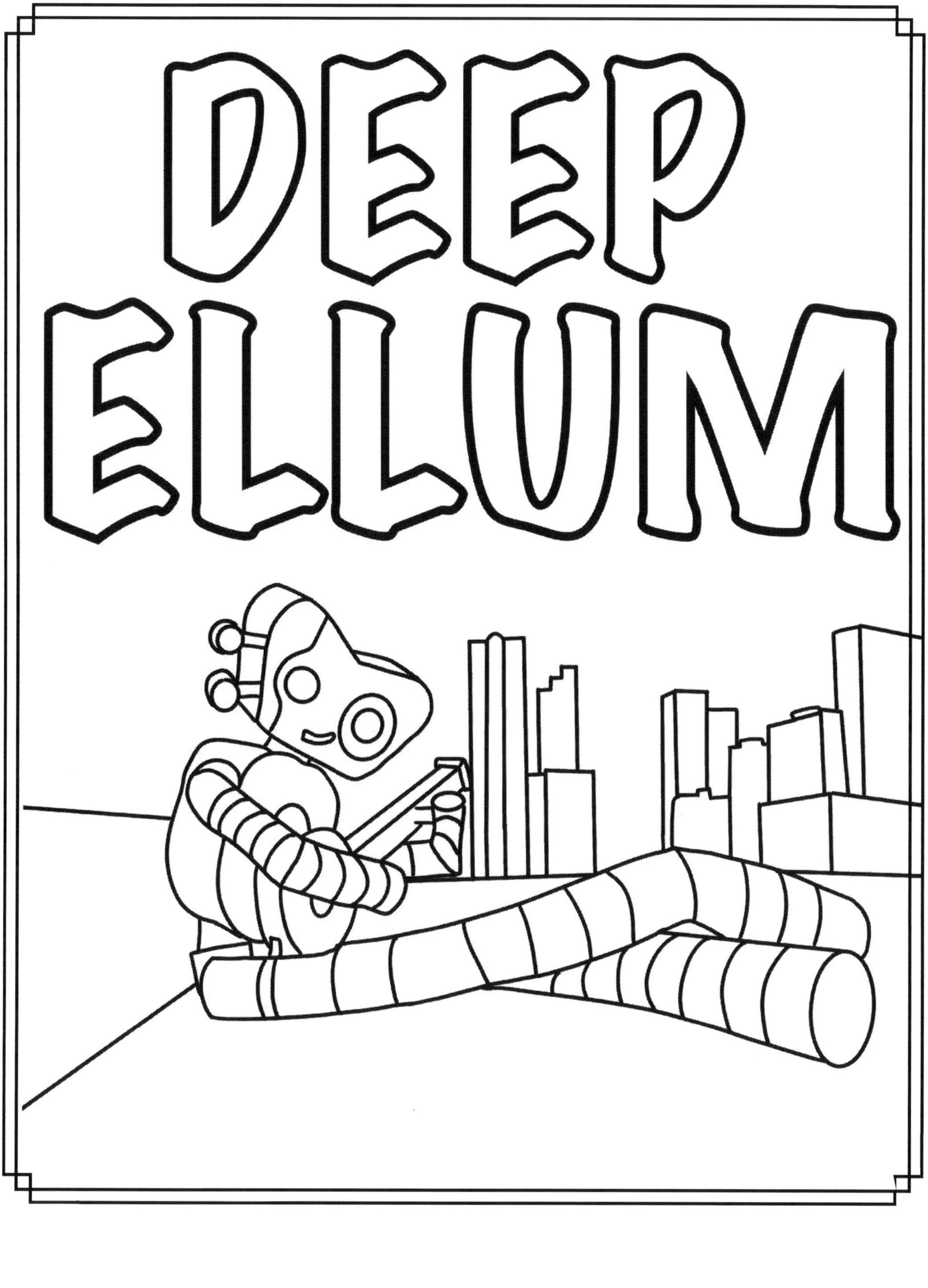

DEEP ELLUM

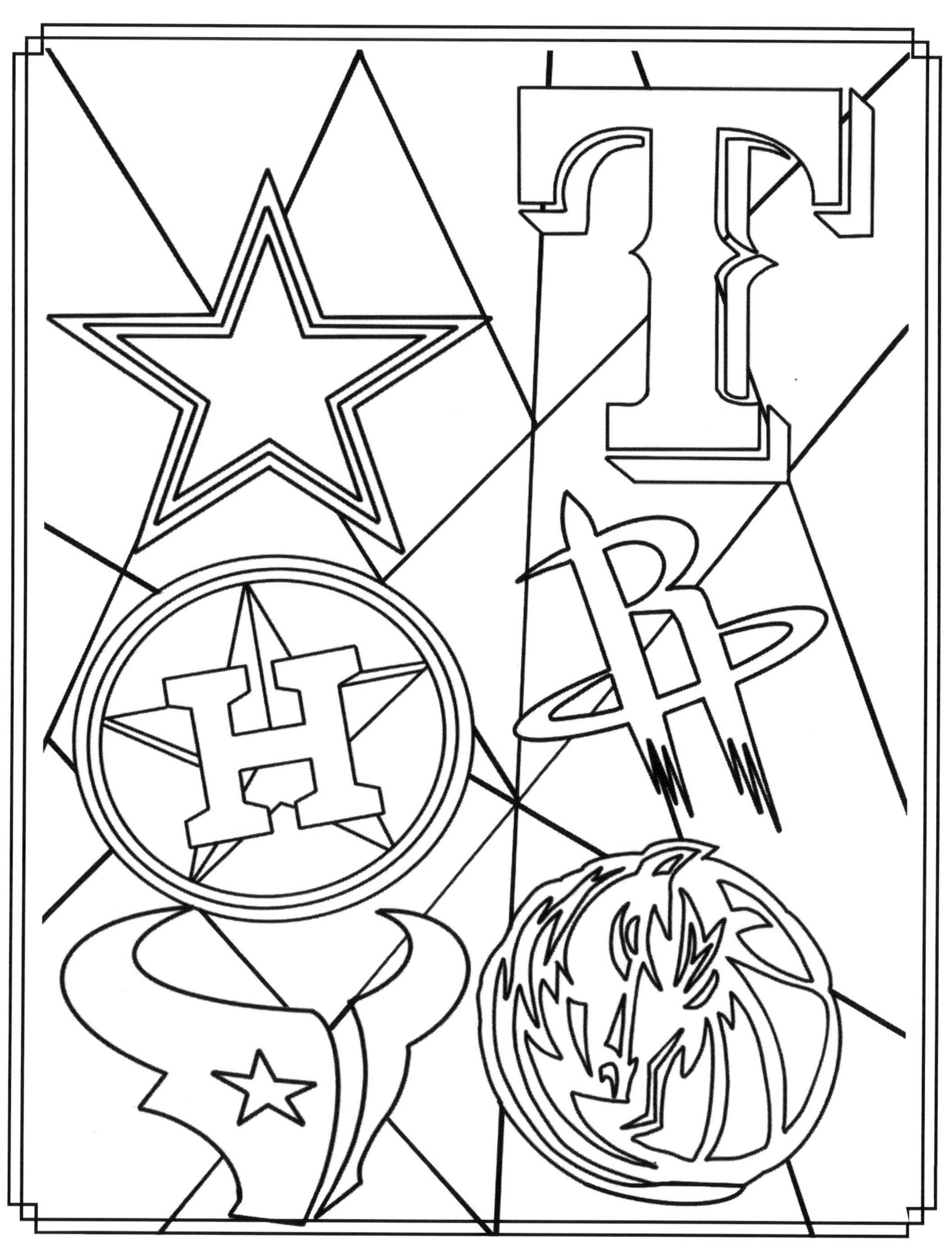

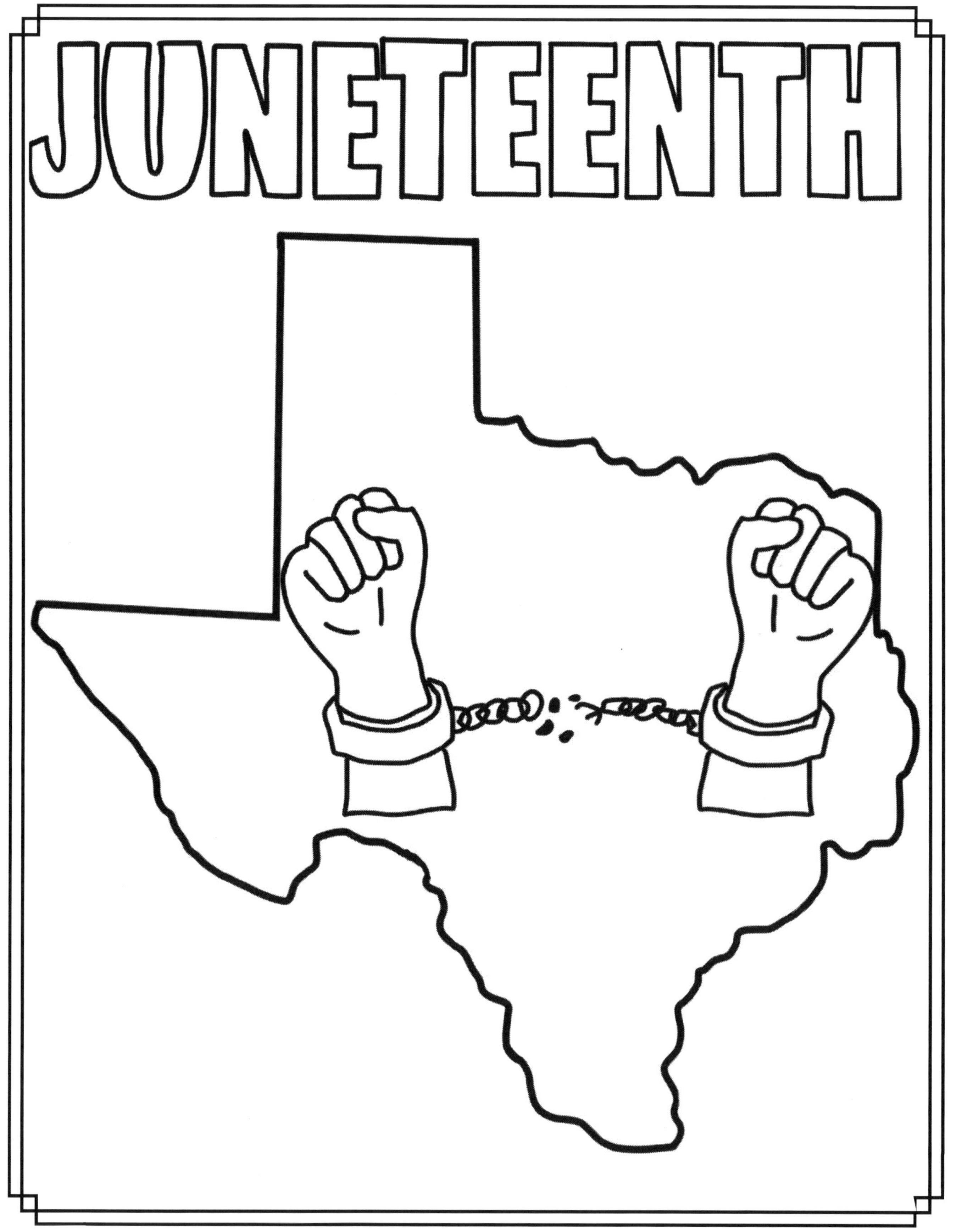
JUNETEENTH

BLUEBONNET

Somewhere In Texas: Word Search

G Z O C H L P R B K C K G J F I X N K S V P F Z
W G P V D V X T Q P V Q S M M L A Q I N U M C W
K B H U K Q I W Q F E D E Z U J Q V D E B Y L O
J D R D A C F C L C T O X O T W R M Q X A J S S
U W D N E L B X G U O A W L M C T I T M K A Y Y
Q A N W P A M K Z I X U F N S F U T M X Q U Z T
U B E I C L D B Z G M N H G J H O X S H I V G W
R L S H G O C C B F I J T I Z K S Y A T E B A E
O N G Q G S V P N S V C K H T B N S J D D Q V K
B S G U X M Y R W B H R Z S O K V V W M B X P E
C Q B O W L O F K D D K Y E I M J O U H S T X Q
V R Q X V Q A F I B L I O W I X I Z S H K S Z B
Y E O R U T I J I W D I L F F R Z J X Y M H Q F
V K G Z E M C H U Z Y H M O K G Y F V B Y F U Q
N T T V D C F T C U V Z A U H H J W J W R L W H
G E V E E M G B Q O F G V B R O R R H L A P B P
D W B U Z B J J X I H C W C M K R O I L I L R N
S J Z N T S N Z R O F Q S V R I R K I N F F V K
L S B G S J D F O N D M E T B Z Q A Q R T T O V
R X F O D G O D P H A Y N M I K P R A E J Y D T
Y A N N C R W L V Z S G N V C U K Z J K G W C T
T R P A K E T D H X Y Y D M P Z A X U I J L U Q
K R J F A Z E D Z Z O C Y A R H U I U F H C K R
C U X L N Z T I R I C I K S M G N Y N I X B U A

SweetGeorgiaBrown
UndergroundKings
WilliamsChicken
JarvisChristian
PaulQuinn

TexasSouthern
SwishaHouse
OakCliff
Beyonce
PrairieView

DeepEllum
ManHolUp
Astros
Cowboys
Slab

Spurs
Juneteenth
Mavericks
Rockets
BigTex

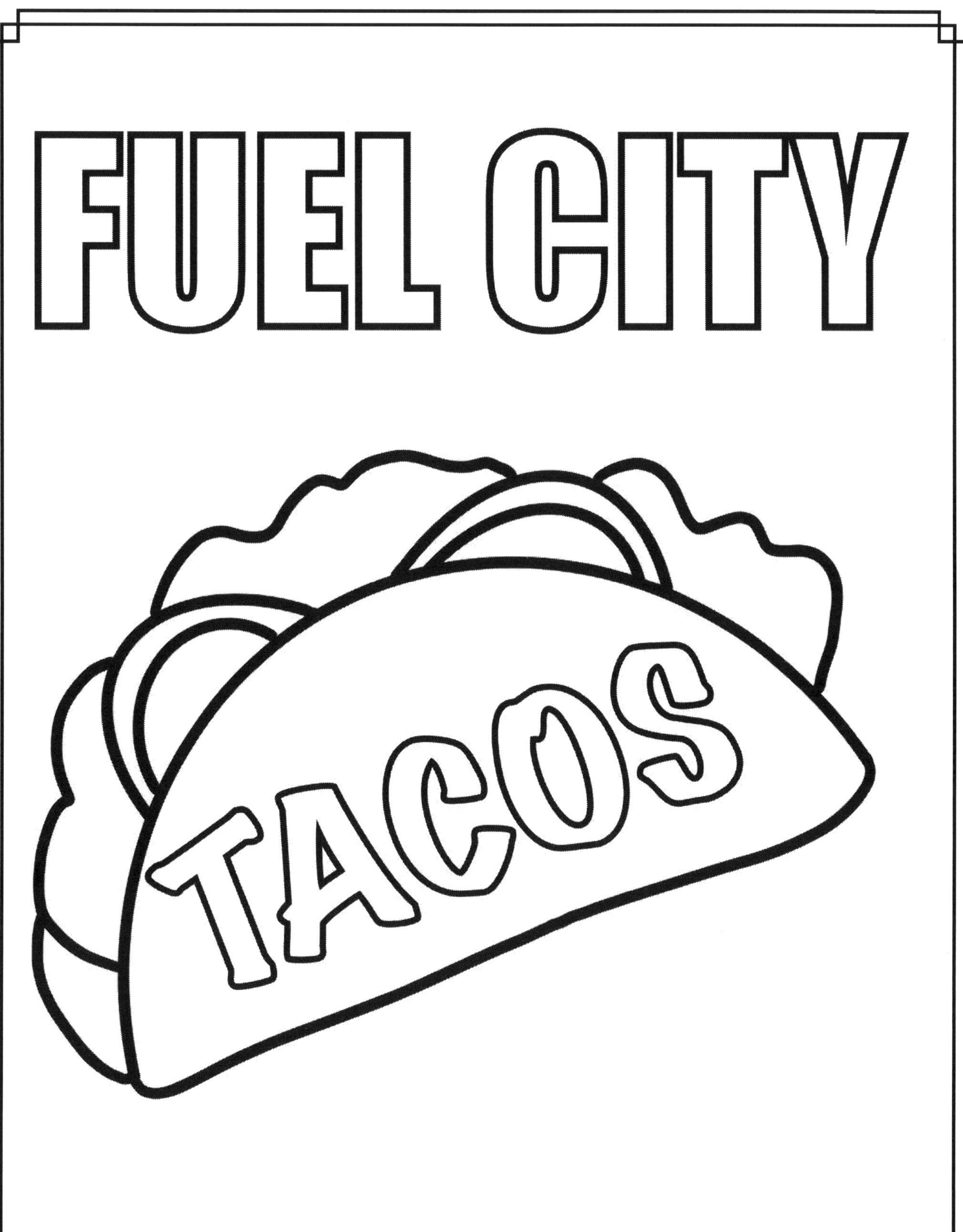
FUEL CITY
TACOS

AUSTIN, TX
AUSTIN, TX

E. 6TH STREET

AUSTIN, TX
AUSTIN, TX

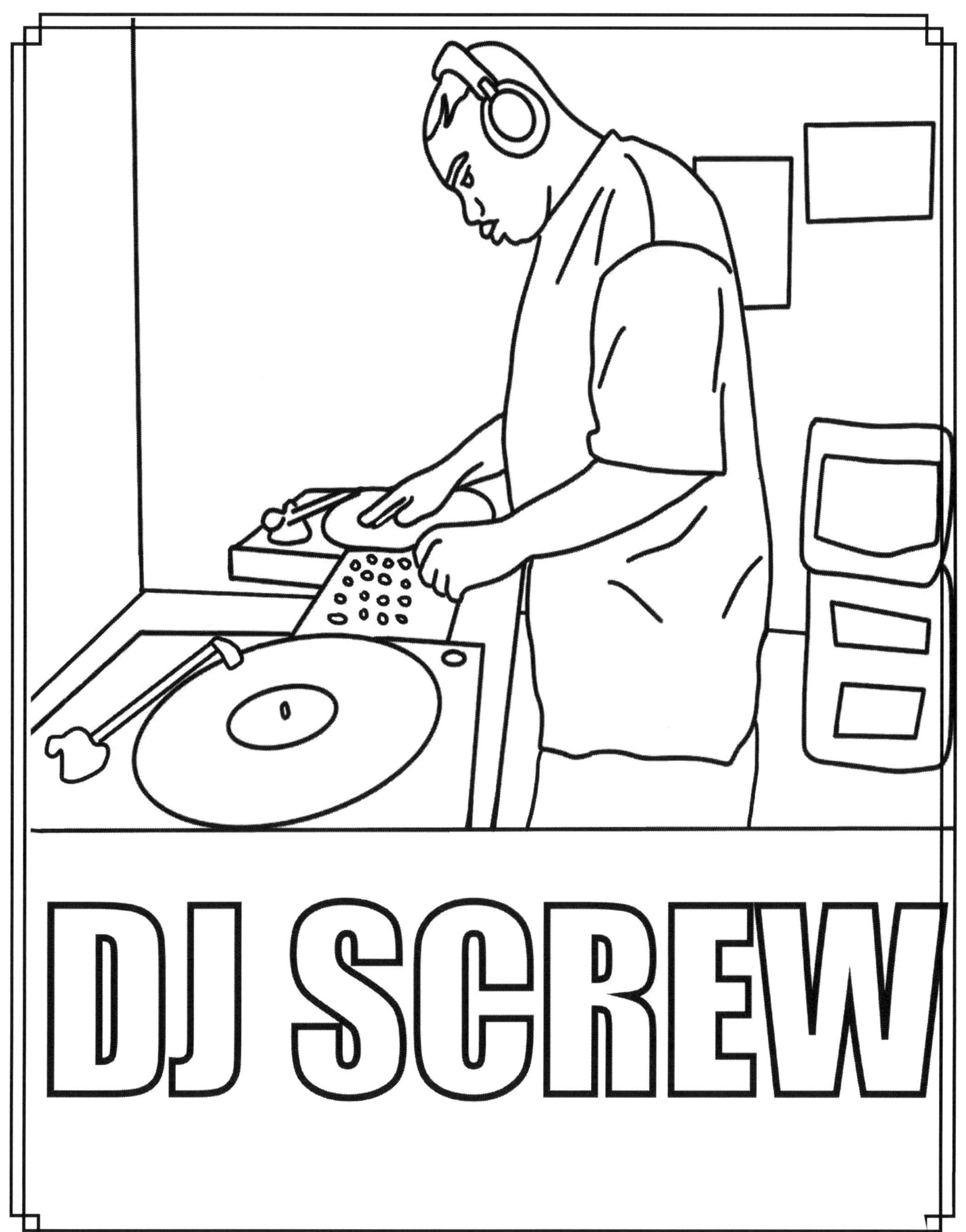
DJ SCREW

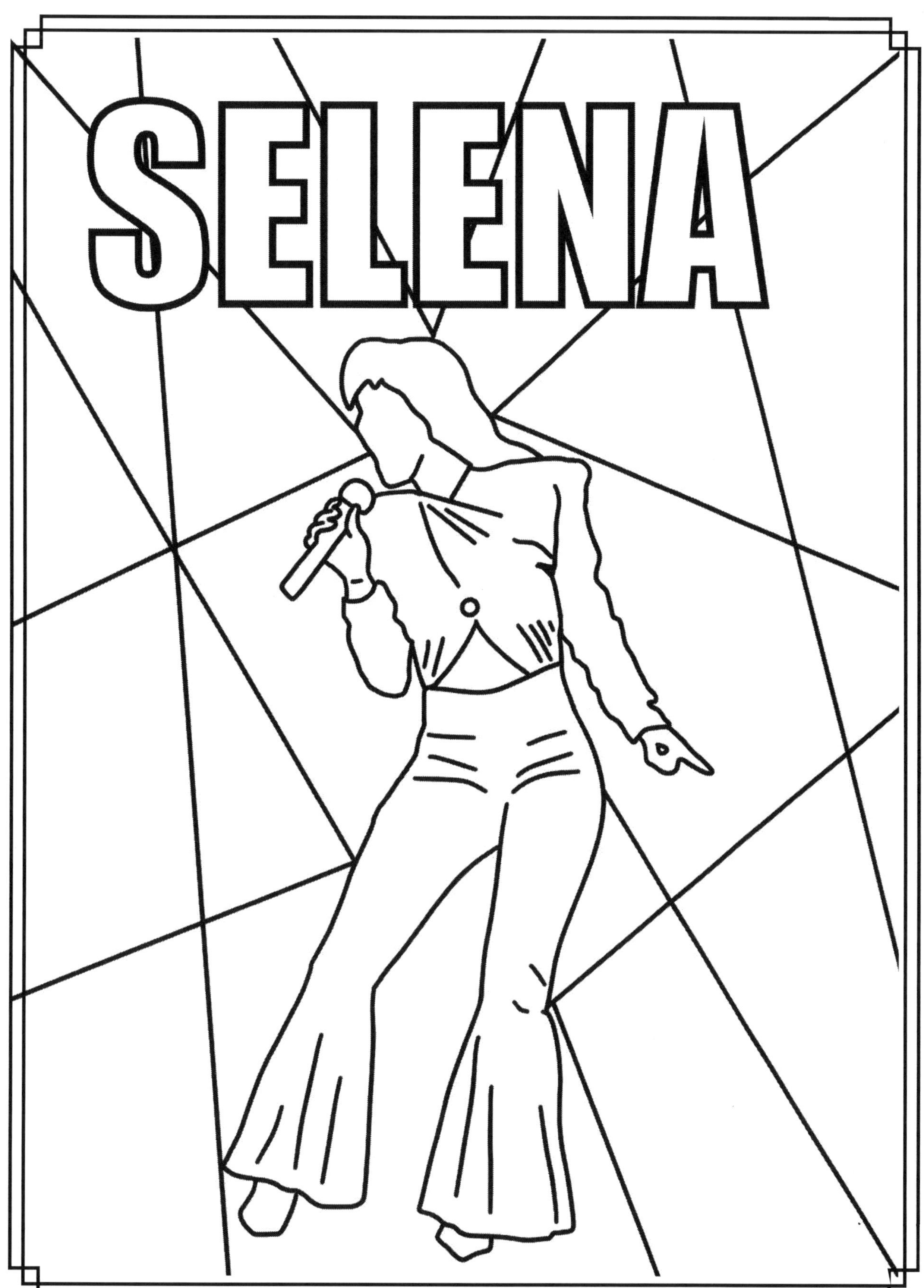
SELENA

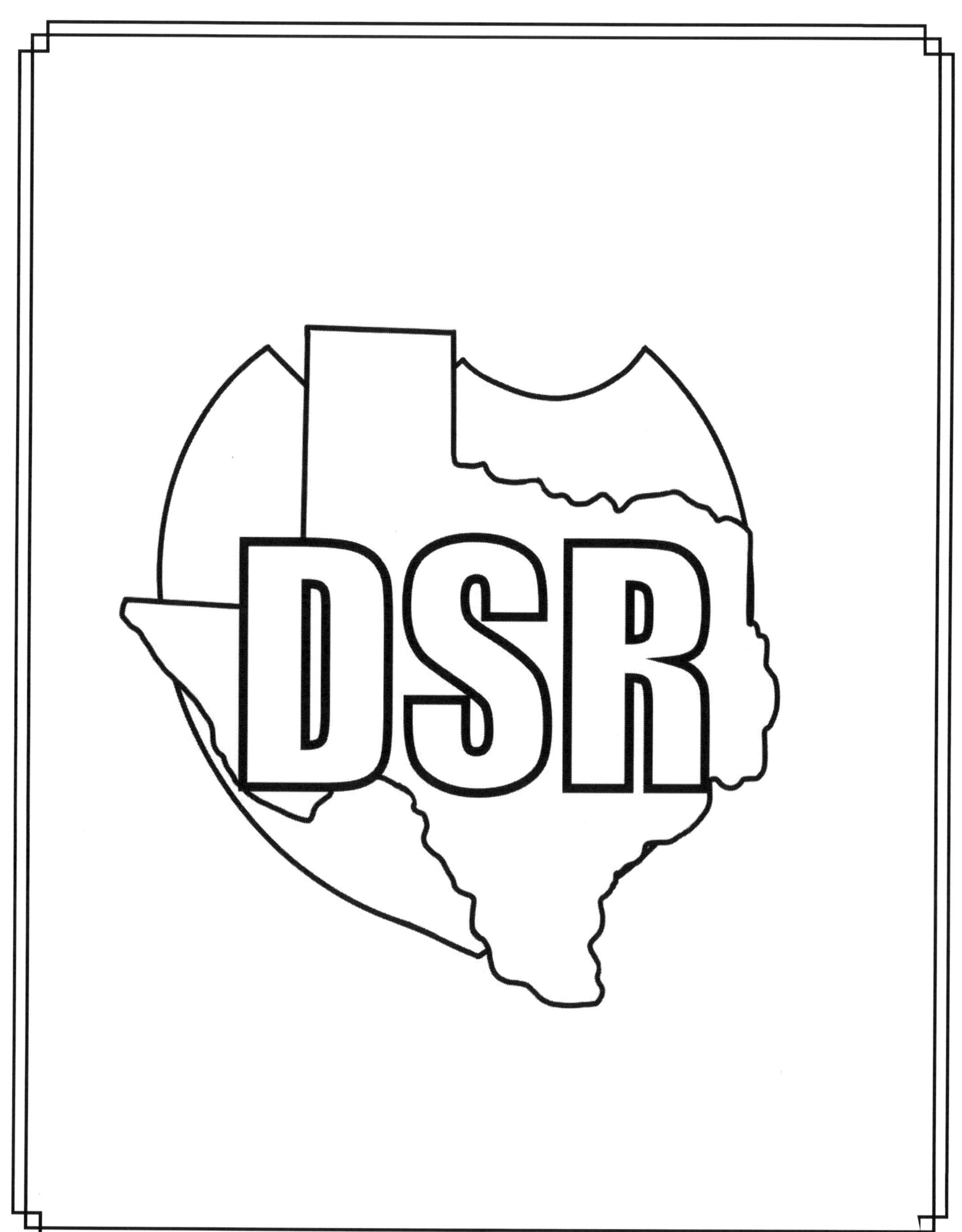
DSR

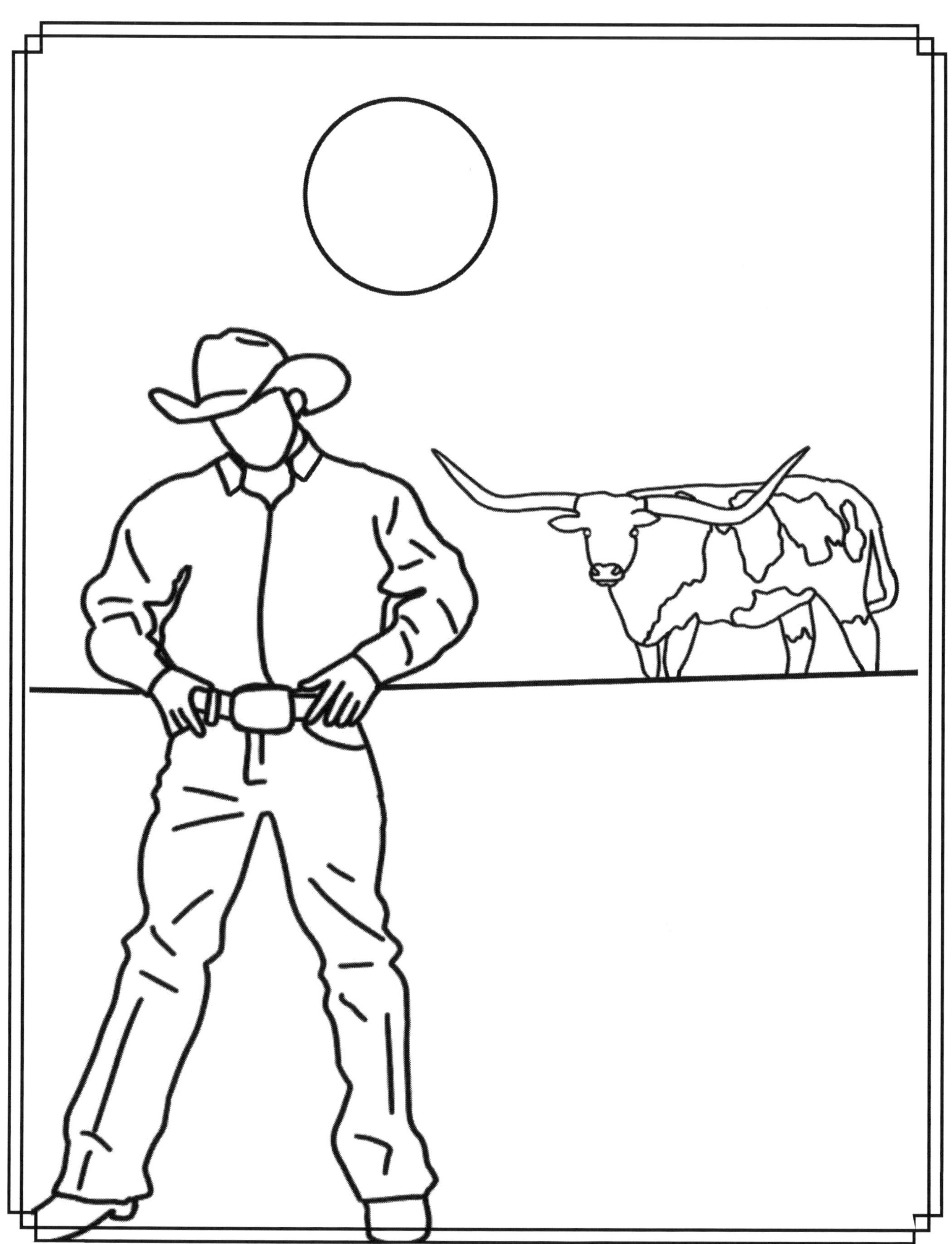

BLUEBONNET

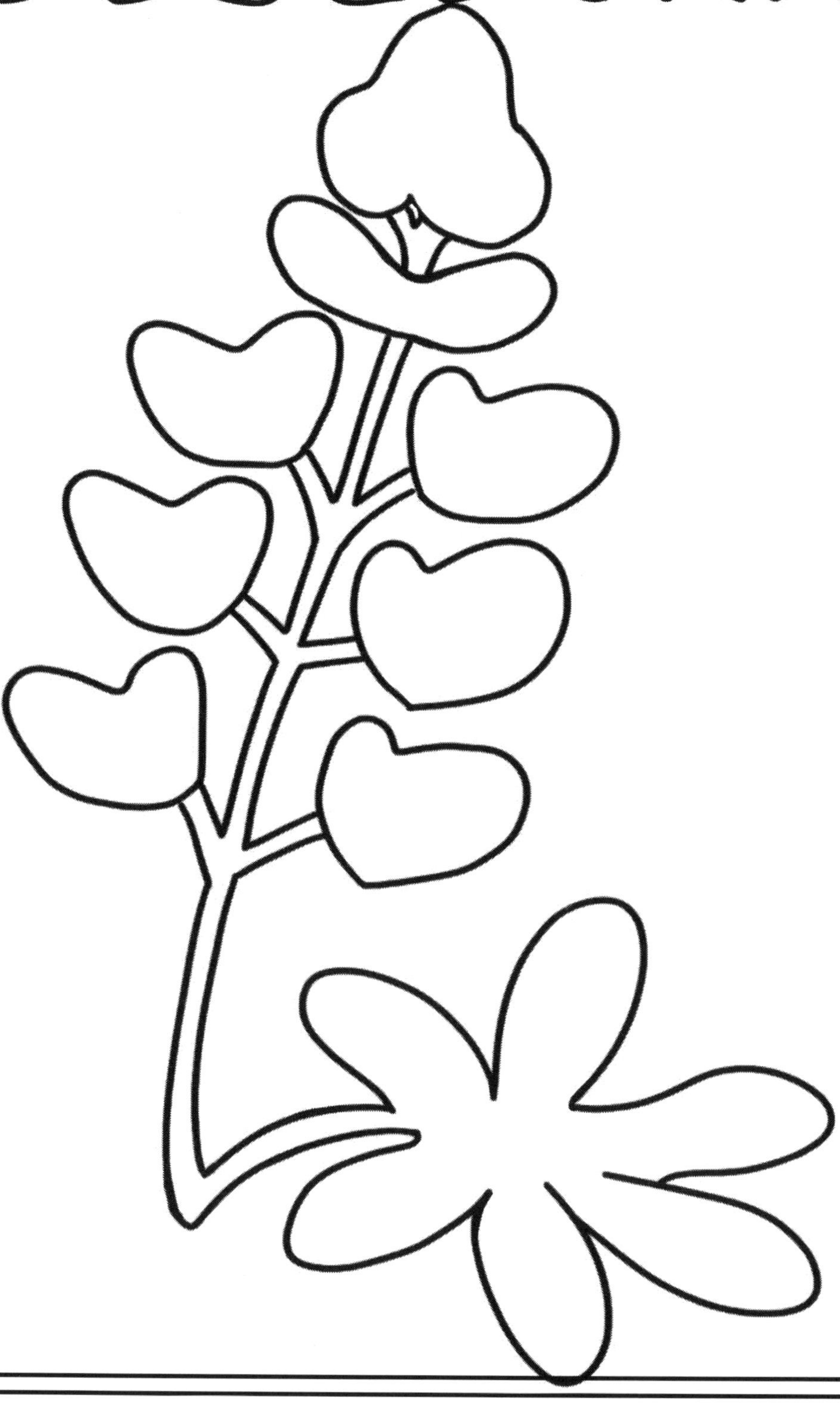

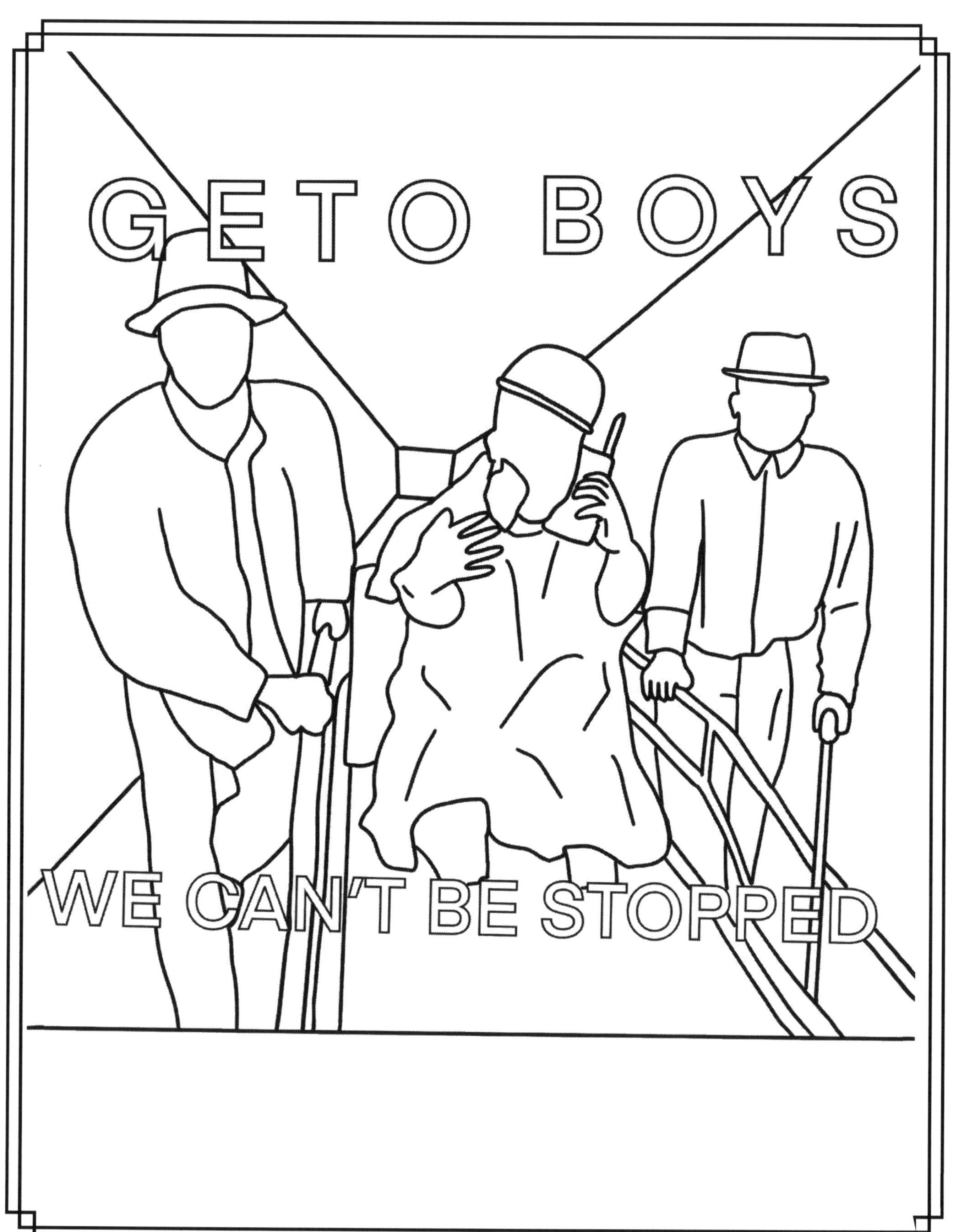
GETO BOYS
WE CAN'T BE STOPPED

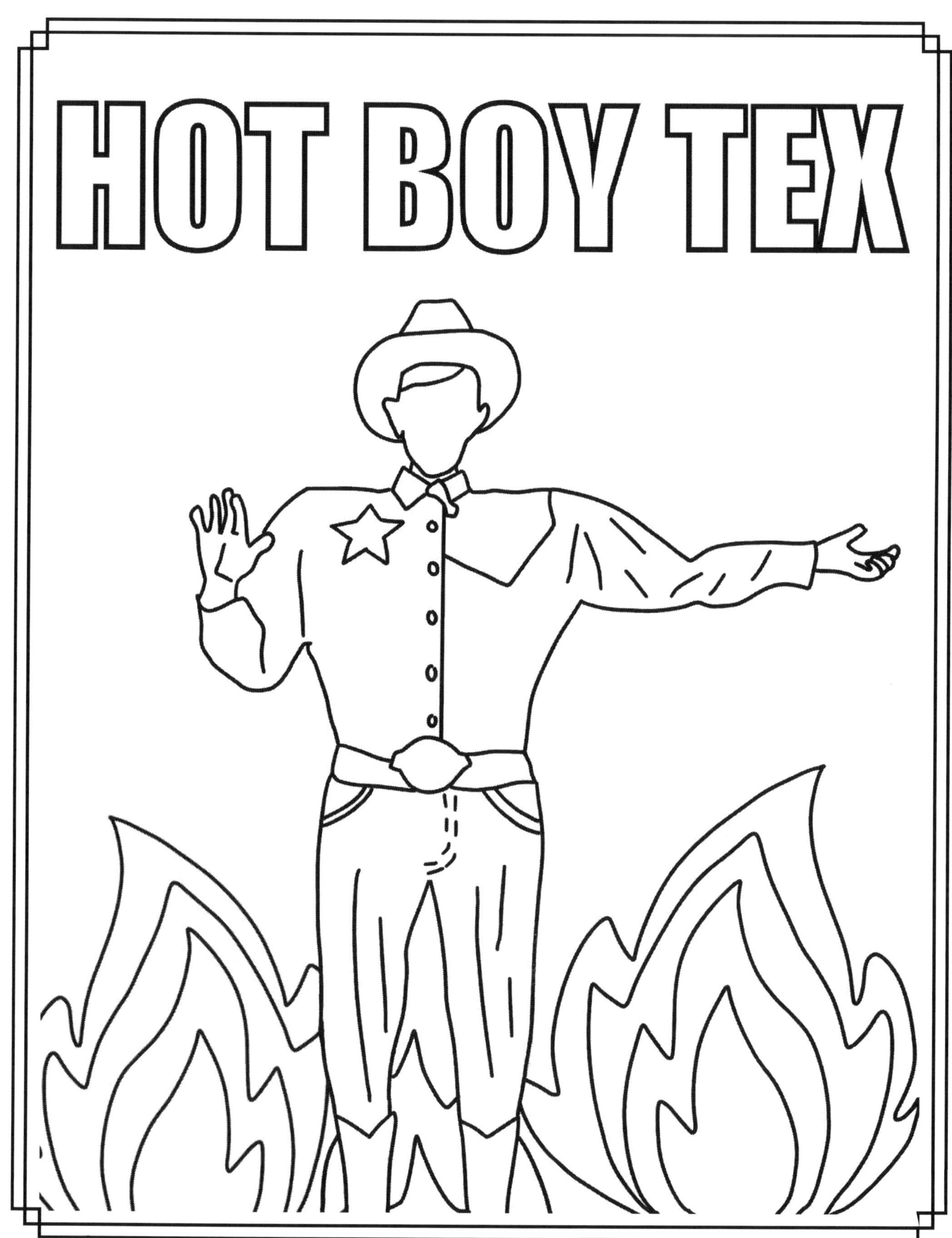
HOT BOY TEX

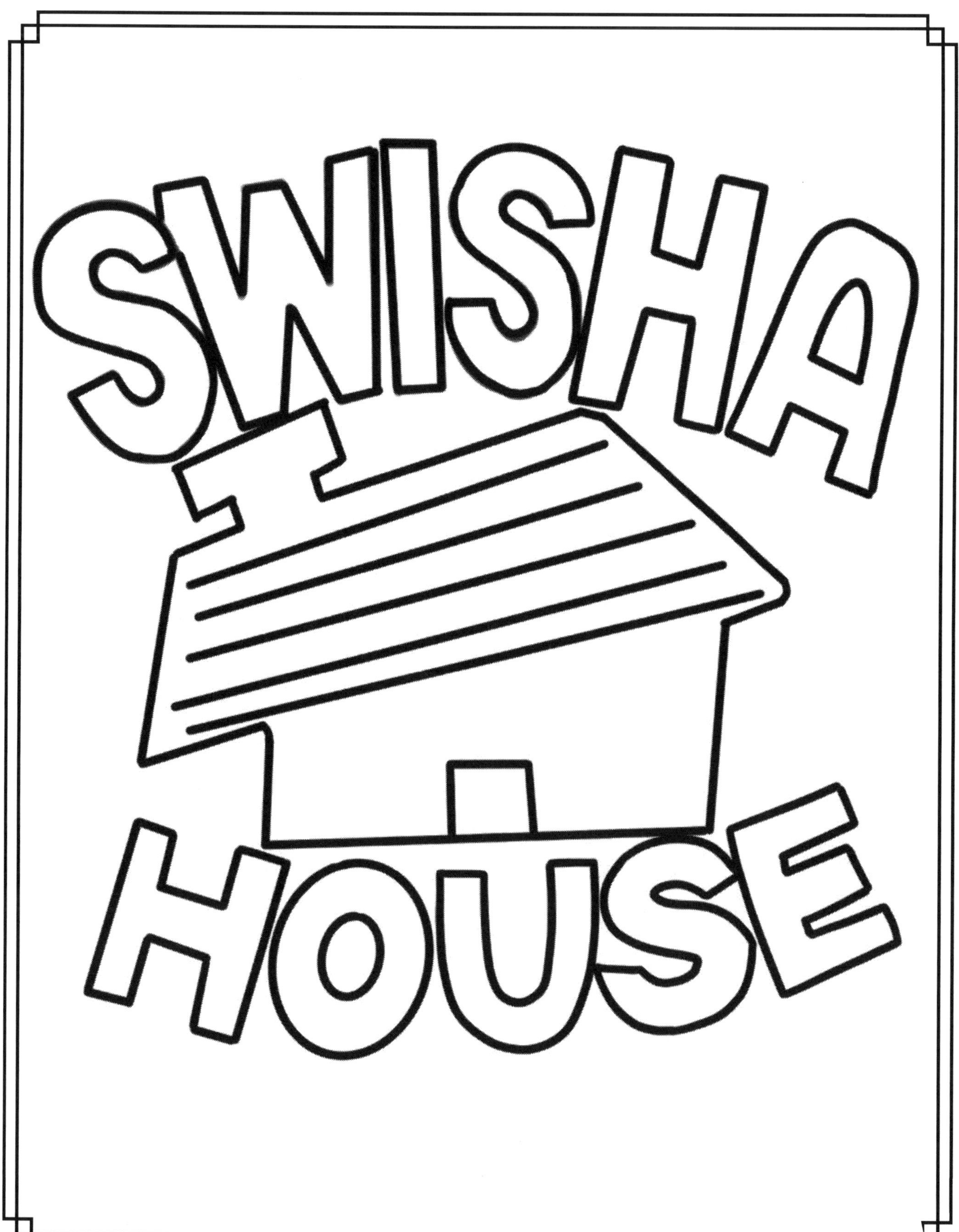
SWISHA
HOUSE

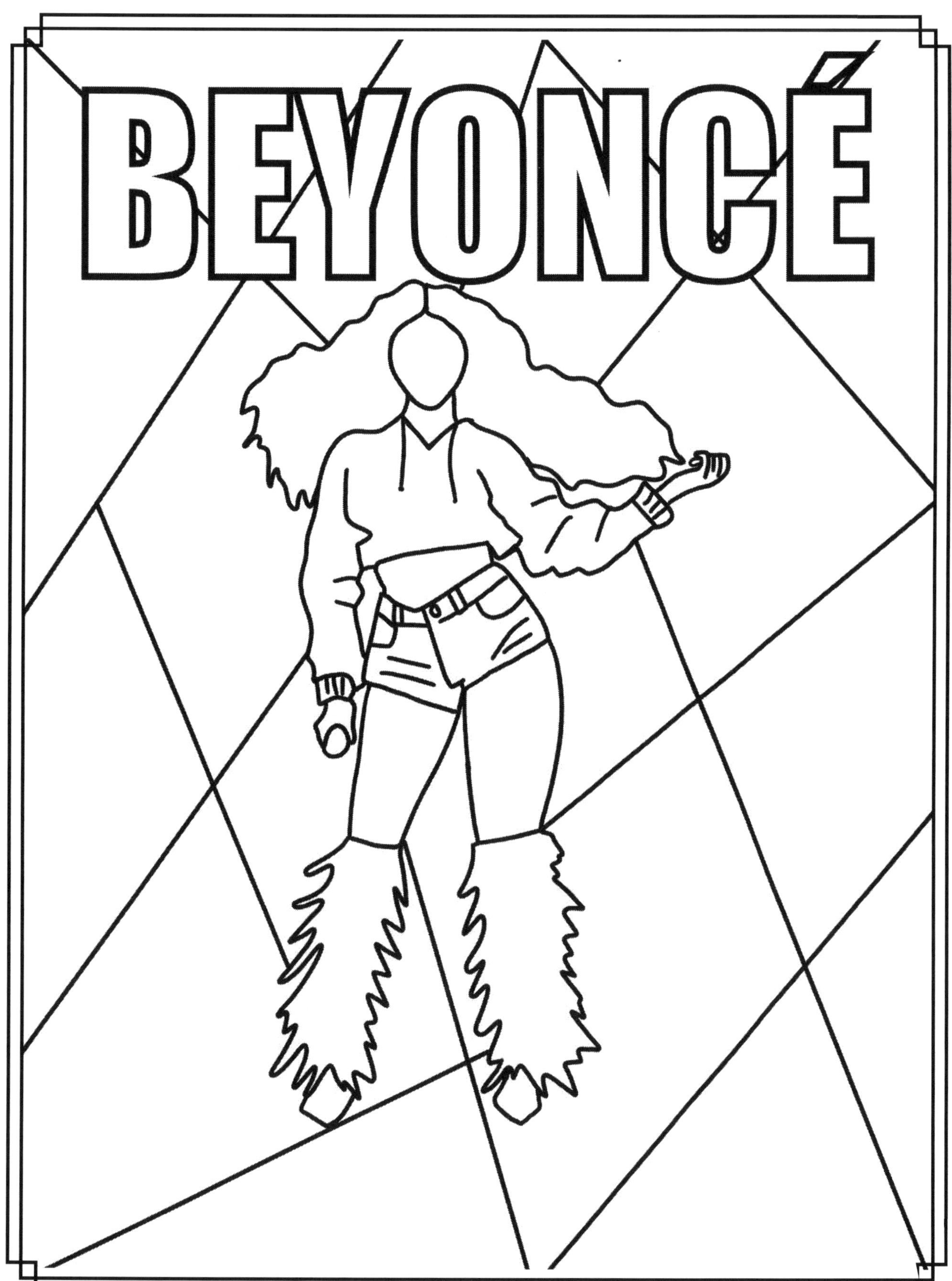
BEYONCÉ

TRILL
TRILL
TRILL
TRILL

FILL IN THE BLANK

Wanna be a ____, shot caller

Twenty inch blades on the _____

A caller gettin' laid tonight

Swisher rolled tight, gotta sprayed by Ike

I hit the _____, making money the ________

But there's got to be a _________ - Lil Troy

FILL IN THE BLANK

I think you'd better call _____

(Call him)

And tell him come on help you

____

(Come on, Come on, Come on)

You need to call _______

(Call him)

Hold on...

But you can't

____________________ - Erykah

Badu

FILL IN THE BLANK

Smokin' out, _____ up
Keepin' _____ up in my cup
All my car got _____________
In my hood we call it _______
Everybody wanna ______
Holla at broads at the ______
If he up, watch him _____
N****, I can't f*** with y'all
If I wasn't rappin', baby
I would still be ridin' _______
Comin' down and sippin' daily
No record 'til whitey pay me
Uhh, now what y'all know about them
___________?
Comin' down in candied toys
Smokin' green and talkin' noise -Pimp C

FILL IN THE BLANK

Southside is da _______

Im a make you _________

Microphone ___________

Out on the _________

Gots to get _______

From the state fair down the x to the

______

Home of the ______ home of the

______

Boyz round here crawlin dub

____

Its another place

Southside's an ___________

Out in the jungle the gorrilaz be

_______ -Big Tuck

FILL IN THE BLANK

I was at the ____ one night, that's when I saw some ____ she looked kinda ______ to me, she was all up in my ______, so I showed her my big daddy ______ I'm just a ____ don't blame me. -Big Moe

FILL IN THE BLANK

Lay it down I'ma

____

If you feel it will you

____

Lay it down I'ma

____

You don't wanna

___________________ -Mr

Pookie

Made in the USA
Columbia, SC
04 April 2022